Fortuna lächelt spröde

Karin Hartewig

Fortuna lächelt spröde

Neue Gebrauchslyrik

Bibliografische Informationen der Deutschen Nationalbibliothek:
Die Deutsche Nationalbibliothek verzeichnet diese Publikation in
der Deutschen Nationalbibliografie; detaillierte Bibliografische
Daten sind im Internet über http://dnb.dnb.de abrufbar.

Herstellung und Verlag: BoD – Books on Demand, Norderstedt

ISBN 978-3-7528-2379-0

www.bod.de

Fantastisch real

Im Schatten

Die Expertin für Einsamkeit, die sie ist,
Will unbehelligt bleiben In ihrem dunklen Eck.
Legt sich aus freien Stücken
Aufs alte Laub beim Gartenhaus
Oder aufs Moos im dunklen Wald.
Das andere Wesen, das sie auch mal war,
Führt eine Kümmerexistenz.
Das Wünschen hilft nichts mehr.
Es hat sich überlebt.
Sie gibt den Zaungast, widerwillig zwanghaft.
Fern und wie nicht für sie bestimmt,
Ist das, was andere beim Schopfe packen.
Es scheint, die Zeit steht still für sie.

Park im Winter

Schnee fällt schwer und weiß
Schluckt jegliches Geräusch
Lautlos steht der Schneemann Kopf

Urwald

Märchenwaldriesen
Verwandelt in Totholz
Neben Tüpfelfarn
Und wildem Apfel der Hutebaum
Ein Denkmal für die Ewigkeit

Im Bauamt, Abteilung Denkmalschutz

Im grauen Zweckbau
Etage dreizehn hat
Die Elfenbeauftragte
Ihr Büro – Sprechzeit täglich
Im Vorzimmer der Dra Dra
Am drahtigen Drachen musst
Du erstmal vorbei
Bevor sie deine Märchen
Anhört, sie gar glaubt
Oder dir reinen
Wein einschenkt, aber vielleicht
Auch Rosinen in den Kopf setzt.
Dann denkst du „dies verdammte
Licht am Ende des Tunnels".
Wann kommt der Bescheid?

Hexenbesen

Buschig verwachsen
Der kuglige Donnerbusch
Hoch oben im Nadelbaum
Das filigrane Krebsgeschwür
Eine Laune der Natur
Kein Besensprung bringt dem Brautpaar Glück
Noch hält er Schadenszauber fern
Als Fluggerät taugt
Dieser Besen nicht
Flugsalbe richtet gar nichts aus
Fürs Fege-Ritual der
Junggeselln braucht's anderes
Als Hexenbesen
Der Baumgallen luftige Schwestern
Bizarr wild wuchernd beide

Sturmherde

Entwurzeltes Holz
Reihenweise gefällt vom Orkan
Bäume wie Halme
Mutwillig übermütig
Unter den Füßen von Riesen
Geknickt geborsten
Gesplittert vor der Zeit

Zeitreisen

Mallorca

Heimgesucht vom Frost
Litt einst Chopin und seine
Liebe George Sand
An der Insel der Stille
Fortan wird das Eiland
Ein Magnet für das Unglück
In melancholischen Gestalt

Erzherzog Ludwig Salvator
In der Bucht seine „Nixe"
Auf der Höhe der
Tempel Wunderbar
Aus mandelblütenweißem Marmor
Das Schloss Son Marroig
Kaiserin Sissis Zuflucht
Einen Sommer lang

24

Die Zeit der Automaten I

An den Bahnhöfen
Standen Personenwaagen rum
Wie Eckensteher
Während der Großen Depression.
Die Standuhren verrieten
Gegen kleines Geld
Der Laufkundschaft die Schwerkraft
Als sei sie für die
Abfahrt oder Ankunft von Belang.

Die Zeit der Automaten II

Für einen Groschen später dann für zwei
Spendeten Kästchen
In kindgerechter Höh'
Kaugummikugeln hart wie Stein
Quietschbunt Gefärbte
Oder kleines Spielzeug

An diesen Automaten
Hakelte alles
Der Spalt fürs Geldstück
Der Drehknauf und die Klappe auch
Die Frage aller Fragen war
Was würde man bekommen?

Trockenshampoo

Wir Kinder hielten
Alle ergrauten Alten
Für Trockenshampoo-Fans.
Ein Rest von adliger Noblesse,
Ein Hauch von Rokkoko umgab dies Puder,
Das graue Haare stumpf und gelblich
Und wie Perücken aussehn ließ.

Tanzkurs, 1968

Dem Elend abendlicher
Passivität begegnet s i e
Durch Anmeldung zum
Paartanz in Gesellschaft

Talentfrei aber folgsam
Schlurft e r über das Parkett
Anstatt zu schleifen
Oder gar den Schritt zu bürsten.

Der Streit ist unvermeidlich:
S i e will geschoben
Nicht gepresst sein
Das filigrane
Machtgefüge ist erschüttert:
E r ist's gewohnt dass
s i e ihn heimlich führt

Nach Monaten und
Manchem Fehltritt
Erwacht sein Ehrgeiz
Sobald es etwas zu erwerben gilt
Begeistert will er siegen

Nicht Bronze oder Silber
Das gold'ne Tanzabzeichen soll es sein
Mit dem Vergnügen ist es nun vorbei
Es wird geübt bis
Alle Hühneraugen glühn

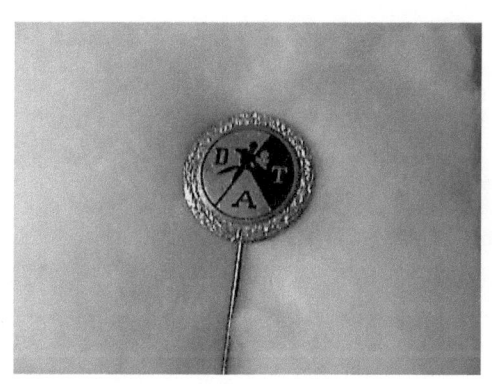

Reizende Familie, 70er Jahre *

Sohni ist ein heavy Burschi
Mit allem Drummi und Dranni
Töchti hat es faustdicki
Hinter den Ohrli
Vatti macht Fotti (siehe links!)
Mutti kocht Happihappi
Miezi spielt mit Mausi und Kanari

* nach Martin Kippenberger

Babyboomer

Von uns gibt's bald zu viele
Wir werden täglich mehr
Militante Senile
Dominieren den Verkehr
Elektromobile
Sind unser Goldstandard

Doch Rollatoren
Tun es für's Erste auch
Als Opfer auserkoren sind
Fußgänger wie Radfahrer
Geparkte Limousinen
Wir sind noch lange keine Beifahrer

Unter Eingeborenen

Die Eltern war'n
Die Eingebornen von
Trizonesien
Wir waren „Hatari!" und
Jagten mit John Wayne
Die wilden Kreaturen
„Atari" war ein Fremdwort
„Commodore" auch
Das Handy „ohne alles"
Passte grade noch nach
Analogistan
Ihr aber seid die
Eingeborenen
Von Digitalien
Das kommunikative
Rauschen ist die neue Norm
Schweigen der neue Luxus

Sonntags

Menschen am Sonntag *

Samstags in die Stadt
Aber sonntags ab ins Grüne
Für einen trägen
Sommernachmittag am See
Chillen, Schwimmen und Picknick machen
Zwei verschwinden im Wald
Die andern dösen oder hörn Musik
Zuletzt fahr'n alle Tretboot
So verbringt ihr eure kurzen Tage
Und dann am Montag
Wieder Arbeit wieder Alltag
Wieder Woche bis
Zum nächsten Sonntag

* inspiriert von dem Stummfilm „Menschen am Sonntag"
(1930)

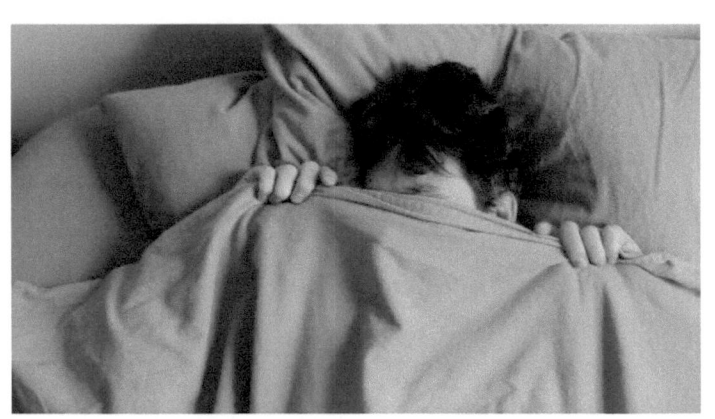

Sonntagsblues

Zäh dehnt sich die Zeit
Vernehmlich schweigt das Zimmer
Am schwärzesten Tag der Woche
Bleibt der Single im Bett
Erspart sich den Anblick von Glück
Gelebt und zur Schau gestellt
Von anderen
Was passiert? Nichts? Nichts passiert!

Sonntags-Macho, Old School

Du hältst nichts von Sonntagsreden
Oder Sonntagsmärchen
Denn du bist kein Sonntagskind
Willst den Sonntagsbraten und
Den Sonntagszuschlag
Für die Sonntagsarbeit.
Ziehst den Sonntagsanzug aus
Gehst zur Sonntagspartie
Deines FC, neudeutsch [ef si:]
Schnauzt die Sonntagsfahrer an
Und genießt den Tag des Herrn.
Dub Di Dub Di Dub Dub - Dub
Ein Sonntagsspaziergang, das.

Fundstücke

Ohne Identität

Mein Pass ist ausgelaufen
Vergessen im Jackett
Des Anzugs - eine
Freundschaftliche Umarmung
Ein Gewitter im Anzug
Und er läuft wie ein
Rohes Ei erst zäh
Dann immer schneller werdend
Bis zum Gürtel und
Das Hosenbein hinunter.
Siedend heiß fällt es mir ein
Mein Pass ist abgelaufen
Der Neuantrag
Zu spät für eine Reise
Weit weg nach Übersee
So bleibe ich fürs Erste do
Besuch' Old Europe
Ohne Pass – inkognito.

Heut ist dein Glückstag

Glück ist schon, wenn nichts passiert
Du liegst im Bett und sagst dir:
Keine Post vom Amt
Der Mann mal guter Laune
Das Geld reicht bis zum Ersten

Alles ist bestens
Wunschloses Unglück?
Glückliche Wunschlosigkeit!
Die Probleme fangen an
Sobald man das Haus verlässt

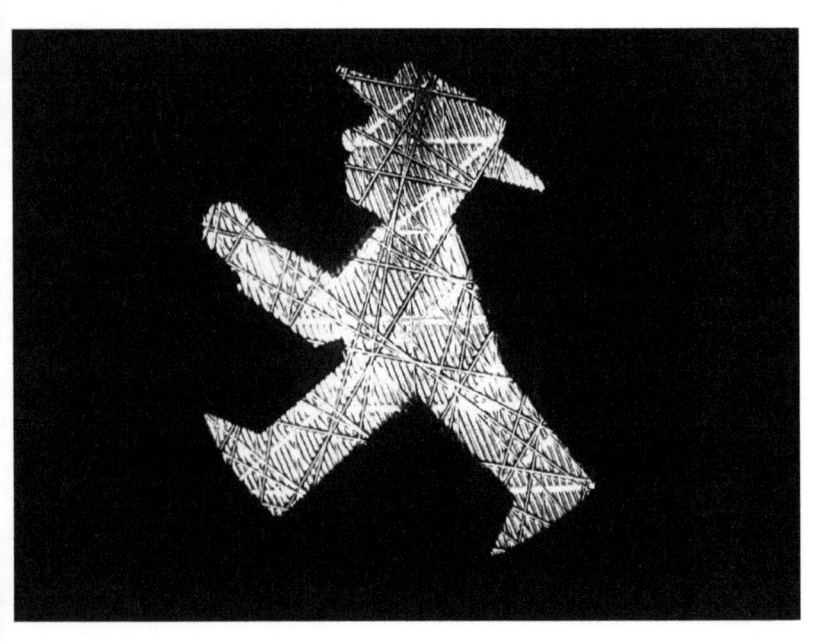

Deutsch für Flüchtlinge

Die Sonne geht unter
Der Mond geht auf
Die Pflanze geht ein
Die Liebe geht vorbei

Der Mond geht unter
Die Liebe geht fremd
Die Sonne steht hoch
Die Pflanze blüht auf

Die Liebe kommt und geht
Die Sonne scheint nur manchmal
Die Pflanzen blühen kurz
Der fahle Mond nimmt zu und ab

Die Drehtür spielt Fortuna
Im Niemandsland „Transit"
Die Illegalen warten
Der Bus geht pünktlich ab

Kompass

Geh nach Norden
Und leg dich unter das Eis
Geh nach Süden
Und grab dich ein in den Sand
Geh nach Westen
Und wirf dich ins graugrüne Meer
Geh nach Osten
Und verlauf dich im tiefen Wald
Bleib wo du bist
Und leg dich zu den Toten

Autobahn bei Kassel

Die Fahrer passieren
Die Strecke mit Tunnelblick
Landschaft wird Gegend
Schallschutz auf beiden Seiten
Begrünt in den Raum gesetzt

Aus Lärm wird Rauschen
Vernehmlich und unsichtbar
Großstadt auf dem Land
Die Anrainer achten schon
Längst nicht mehr auf den Verkehr

Vor dem Haus die Wand
Dahinter winken traulich
Die Flügel der Windkraft - so
Leben sie alle Tage
mit Hermes und Aiolus

Jackpot

Glücksspiel-Junkie

Bring mir Glück Fortuna sechs
Richtige plus Superzahl
Oder fünf plus zwei
Dem guten Europäer!

Ich, die Niete, der Looser,
Kauf jede Woche
Mega-Money-Rubbellose
Geh ins Casino
Setze auf das falsche Pferd.

Bring mir heut Glück Fortuna
Nach dem Gesetz des Zufalls!
Denn sonst bin ich der Nächste
Der einen überfällt. Die
Chancen stehen eins zu eins.

Glückskeks des Tages

Gelassen bleiben, auch wenn dir was nicht passt.

Heut beginnt der erste Tag vom Rest deines Lebens.

Ein alter Freund ist besser als zwei neue.

Auf der Welt fehlt es nicht an guten Menschen.

Die gute Zeit fällt nicht vom Himmel, du musst was dafür tun.

Wer aus seinem Schatten treten will, muss wissen wo die Sonne steht.

Mach weiter oder höre auf, doch warte nicht auf bessre Zeiten.

Heute ändert sich alles für dich.

Freie Auswahl bei großem Angebot, spring über deinen Schatten.

Du solltest mit den Antworten zufrieden sein, die jetzt gegeben werden.

Alle Dinge kannst du nicht tun.

Persönlich frei

Die Füße im Schlamm
Den Kopf in den Sternen
Vergiß' die Regeln

Über die Verhältnisse

Die Welt jenseits von Brüssel *

Raus aus der gleißenden Welt
Der Spiegel von Wien bis Paris
Ab durch die Mitte
Hinter die Blechwand die einst
Der Eiserne Vorhang war
Wo auf Märkten in
Trostlosen Käffern
Bunter Plunder aus China
Für die noch ärmeren Armen
Nach Klebstoff und Gummi stinkt
Solange es Wodka gibt
Ist der Westen weit

* nach Andrzej Stasiuk

Nostalgie

Es war nicht alles
Schlecht im Kapitalismus
Man glaubte an den Fortschritt
Und Fortschritt war Konsum
Die Welt war voll mit bunten Dingen
Mit Lust verschwendet
Genossen ohne Reue

Aber die Umwelt!
Aber die Moral!
Aber die Gerechtigkeit!
Tönt sogleich der Chor der Jünger
Passé zum Glück die Zeit der
Ewig Gestrigen
Versiegelt mit dem
Öko-Lack des besseren Gewissens

Die neue Klasse *

Die Smalltalk-, Champus-,
Bussi-Bussi-Szene
Spreizt sich im Nebel
Maximaler Toleranz
Im Kunstmuseum zum Event

Die Sitzordnung bei Tisch ein
Mix aus Geld und neuem Werteadel
Man wartet auf den Augenblick
Um generös zu sein
Demonstrativ und öffentlich
Geübt im Understatement

Die neue Klasse fühlt sich
Erhoben und erhaben durch die Kunst
Abstrakt, figurativ? Egal!
Auf die Erbaulichkeit ein Hoch!
Ein Selfie auf dje Selbstentfaltung!

* inspiriert von „The Square"

Selbsterfahrung

Früher reiste frau
Zum Malkurs in die Toskana
Heute findet sie im Museum
Versenkungswillig
Auf der Matte zur eigenen Mitte
Im Modus der Entschleunigung
Missbraucht sie Kunst als Medium

LOGO

Willkommen im kulturellen Kapitalismus

Wir sind authentisch
Einzigartig, singulär
Konform im Meer der
Nonkonformität
Nur die Performance zählt.

Selbstoptimierung
Heißt das Stück, das auf der Bühne
Im Vordergrund gegeben wird
Derweil in den Kulissen hinten
die „Hard Facts" spielen.

Krise des Fortschritts,
Entwertung alter Arbeit
Krise des Politischen
Wer wäre da nicht gerne
Im sich'ren Lager
Der Selbstdarsteller?

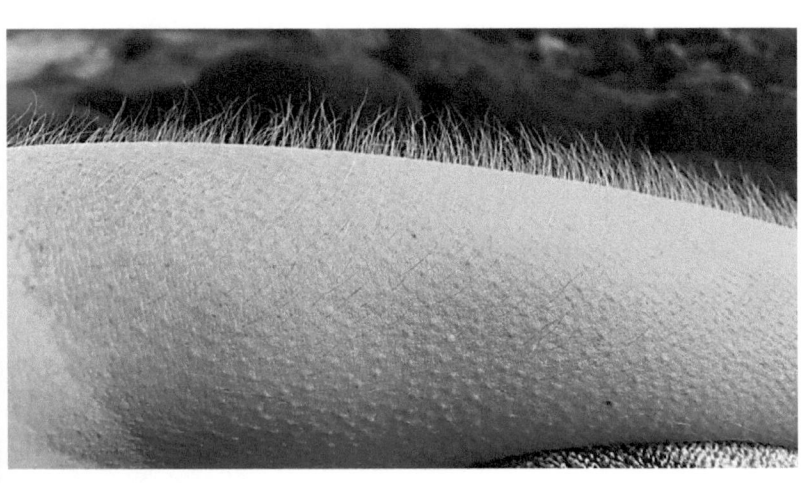

Gefühlsware von der Stange

Für echt und wichtig
Halten wir unsre Gefühle
Von denen etliche
Erst im Konsum sich einstelln
Stark nachgefragt sind
Intensive Emotionen aller Art
Das Angebot ist
Grenzenlos und doch
Bei Licht besehen dürftig
Mit Gänsehaut beginnt's und endet es

640509-040147

Brotlose Kunst

D i e Neuerscheinung
Braucht niemand, die liest kein Mensch!
Toter Bestand
Begraben im Bücherberg
Altpapier vor ihrer Zeit

Uncreative Writing. Haikubes

That Night

Stay excited, Free
My Beloved Dark Flame
All Routine Wants You

An Empty Room

A Nocturnal Gaze
Touching My Old Skin
Waiting for No One

Memory About *

A Floral Woman
With an Arabesque Smile
Eyes Silky Radiant
Looking out of the Window
Fallen out of Time

Hey Man

You - Moving Slowly
Like in Any Old Movie
No Words No Smile
Your Eyes Wide Shut
Behind Your Glasses
Watching Me Passing By

Our Life

Under the Bright Sun
We Walk Over Icy Water
Leaving The Dark Past
And The Darker Future
Going For Pure Presence

Die Zukunft ist nah

Augmented Reality

Als ob Wirklichkeit
Zunehmen könnte wie der
Fahle Mond oder die Flut!
Künstliche Intelligenz
Klingt so falsch wie der
Robo als synthetischer
Lebensabschnittsgefährte!!
Und doch: Lernen will nicht mehr
Gelernt sein - dem System reicht
Die Basiskonfiguration
Es erkennt unsre Fehler
Unsre Marotten machen es klug!!!

Die Wolke

Hoch schwebt die Wolke
Über blühender Landschaft
Lädt, speichert und teilt
Ohne sich zu erschöpfen
Sammlerin im Nirgendwo

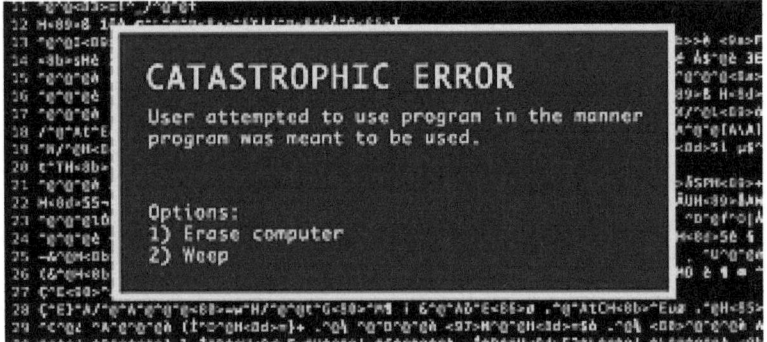

CATASTROPHIC ERROR

User attempted to use program in the manner program was meant to be used.

Options:
1) Erase computer
2) Weep

Sehr künstlich

Eliza war so menschlich
Sie simulierte Psychotherapie
Gut fünfzig Jahre später
Erscheint Humanoid Sophie,
Auch Aibo und Big Dog
Dienstbare Geister sämtlich
Denen es fern liegt,
Menschen zu bekämpfen - noch
Dem Menschen aber
Zum Verwechseln ähnlich wie
Ein Geschöpf der Science Fiction
Könnten sie werden eines schönen Tages
In allzu naher Zukunft

Home-Assistent

Blockwart „Alexa"
Ausgekocht und mit allen
Wassern gewaschen
Oder
Daten mähenden
Rasenrobotern öffnen
Die Leute heute
Freiwillig Tür und Tor
Und glauben der Verheißung.
„Interkonnektivität"
Lautet das Zauberwort
Ein Spielverderber
Wer darin die hohe Kunst
Des Spitzelwesens sieht.

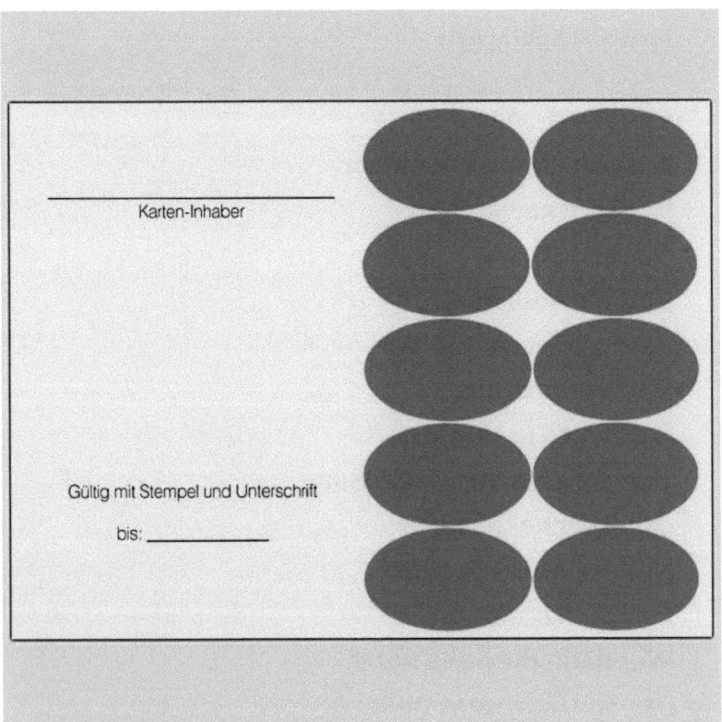

Karten-Inhaber

Gültig mit Stempel und Unterschrift

bis: _____

Maluskarte

Sie haben alle
Bonuspunkte aufgebraucht
Säuselt die Stimme
Die nicht mehr Alexa heißt
Sondern neuerdings Chen Lu
Fräulein „Morgentau"

Im großen Buch des Wohlverhaltens
Schreiben Sie rote Zahlen
Aus die Maus vom bessren Leben
Wenn kein Wunder geschieht
Ihre Zukunft schmilzt dahin
Noch zehn kleine Vergehen
Oder fünf Große

Dann gibt es nichts geschenkt
Dann ist es vorbei
Mit dem schönen Traum
Von der größeren Wohnung
Einer besseren Arbeit
Dem Studienplatz der Tochter

Kooperation bitte!
Andernfalls bleibt nur
Die Klasse der Deklassierten
Ihre Sammelleidenschaft
zahlt sich an dieser Stelle
Überhaupt nicht aus

Inhalt

Fantastisch real

Im Schatten   9
Park im Winter   11
Urwald   13
Im Bauamt, Abteilung Denkmalschutz   15
Hexenbesen   17
Sturmherde   19

Zeitreisen

Mallorca   23
Zeit der Automaten I   25
Zeit der Automaten II   27
Trockenshampoo   29
Tanzkurs 1968   31
Reizende Familie, 70er Jahre   35
Babyboomer   37
Unter Eingeborenen   39

Sonntags

Menschen am Sonntag   43
Sonntagsblues   45
Sonntags-Macho, Old School   47

Fundstücke

Ohne Identität   51
Heut ist dein Glückstag   53

Deutsch für Flüchtlinge   55
Kompass   57
Autobahn bei Kassel   59
Glücksspiel-Junkie   61
Glückskeks des Tages   63
Persönlich frei   65

Über die Verhältnisse

Die Welt jenseits von Brüssel   69
Nostalgie   71
Die neue Klasse   73
Selbsterfahrung   75
Willkommen im kulturellen Kapitalismus   77
Gefühlsware von der Stange   79
Brotlose Kunst   81

Uncreative Writing. Haikubes

That Night   85
An Empty Room   86
Memory about *   87
Hey Man   88
Our Life   89

Die Zukunft ist nah

Augmented Reality   93
Die Wolke   95
Sehr künstlich   97
Home Assistent   99
Maluskarte   101

Bei BoD sind von der Autorin erschienen:

→ „Schön ist es hier! Roman", 2013.

↖ Das ist Deutschland! Eine Landeskunde für alle, 2016.

↗ Kunst für alle! Hitlers ästhetische Diktatur, ³2018.

→ Total angesagt. Essays zur Kulturgeschichte, 2018.

↖ „So gut kennen wir uns auch nicht. Dreizehn Erzählungen", 2018.

Karin Hartewig, Dr. phil. (Jg. 1959), ist freiberufliche Historikerin, Autorin von Sachbüchern, Essays und Belletristik, Amateurfotografin und Bildersammlerin.

Dies ist ihr Debüt als Lyrikerin.